Apologia de Sócrates

Dados Internacionais de Catalogação na Publicação (CIP)
(Câmara Brasileira do Livro, SP, Brasil)

Platão
　　Apologia de Sócrates / Platão ; tradução e notas de Márcio Mauá Chaves Ferreira. – Petrópolis, RJ : Vozes, 2020. – (Coleção Vozes de Bolso)

　　Título original: Ἀπολογία Σωκράτους.
　　Bibliografia.

　　3ª reimpressão, 2025.

　　ISBN 978-85-326-6437-2

　　1. Filosofia antiga 2. Literatura grega
3. Sócrates I. Ferreira, Márcio Mauá Chaves.
II. Título. III. Série.

19-32374　　　　　　　　　　　　　　　　　　　CDD-184

Índices para catálogo sistemático:
1. Platão : Obras filosóficas   184

Iolanda Rodrigues Biode – Bibliotecária – CRB-8/10014

Platão

Apologia de Sócrates

Tradução e notas de Márcio Mauá Chaves Ferreira

Vozes de Bolso

Título do original em grego: *Απολογία Σωκράτους*, by Platão.
Tradução do original em grego editado por John Burnet intitulado
Plato's Euthyphro, Apology of Socrates and Crito, Oxford, 1924.

© desta tradução:
2020, Editora Vozes Ltda.
Rua Frei Luís, 100
25689-900 Petrópolis, RJ
www.vozes.com.br
Brasil

Todos os direitos reservados. Nenhuma parte desta obra poderá ser reproduzida ou transmitida por qualquer forma e/ou quaisquer meios (eletrônico ou mecânico, incluindo fotocópia e gravação) ou arquivada em qualquer sistema ou banco de dados sem permissão escrita da editora.

CONSELHO EDITORIAL

Diretor
Volney J. Berkenbrock

Editores
Aline dos Santos Carneiro
Edrian Josué Pasini
Marilac Loraine Oleniki
Welder Lancieri Marchini

Conselheiros
Elói Dionísio Piva
Francisco Morás
Teobaldo Heidemann
Thiago Alexandre Hayakawa

Secretário executivo
Leonardo A.R.T. dos Santos

PRODUÇÃO EDITORIAL

Anna Catharina Miranda
Eric Parrot
Jailson Scota
Marcelo Telles
Mirela de Oliveira
Natália França
Priscilla A.F. Alves
Rafael de Oliveira
Samuel Rezende
Verônica M. Guedes

Editoração: Leonardo A.R.T. dos Santos
Diagramação: Sheilandre Desenv. Gráfico
Revisão gráfica: Lindsay Viola
Capa: Ygor Moretti

ISBN 978-85-326-6437-2

Este livro foi composto e impresso pela Editora Vozes Ltda.

Sumário

I – Proêmio, 7

II – Apresentação do caso, 9

III – A defesa de Sócrates, 11
    A – Os antigos acusadores, 11
    B – Os novos acusadores – O interrogatório de Meleto, 19

IV – A missão divina de Sócrates, 27

V – Conclusão, 39

VI – A contraposta de Sócrates, 43

VII – Após a sentença, 47

I
Proêmio[1]

[**17a**] Não sei que efeito, senhores atenienses[2], meus acusadores produziram em vocês; mas, quanto a mim, quase me fizeram esquecer quem eu era, tão

---

1. A divisão do texto aqui adotada e marcada com números romanos (I-VII) e os subtítulos que as acompanham baseiam-se nas indicações presentes nos comentários de John Burnet ao texto grego da *Apologia*. Esses comentários são de grande valor, pois a edição grega usada como base para a presente tradução é a desse mesmo autor, que publicou o texto grego por ele editado e suas anotações em volume único (*Plato's Euthyphro, Apology of Socrates and Crito*. Oxford, 1924). Grande parte das notas a seguir toma igualmente como fonte os comentários do editor. Além da citada divisão, a paragrafação do texto editado por Burnett é aqui mantida e em geral a pontuação por ele proposta, aí incluídos os travessões (–), utilizados ora como marcadores de frases ou orações parentéticas, ora como indicadores de anacolutos (*i. e.* quebras na linearidade sintática), tão comuns nos tipos de discurso que esse texto procura reproduzir; figura de linguagem essa que também se procurou manter em alguns passos da tradução. Por fim, manteve-se nesta tradução a chamada "paginação Stephanus", sistema de referência universal usado nas edições modernas de Platão, e que se baseia na edição de 1578 das obras completas do filósofo publicada por Henricus Stephanus [Henri Estienne]. Ela vem entre colchetes, ora com o número da página da edição original – são vinte e cinco no total (de 17 a 42) – ora com uma letra (de "*a*" até "*e*"), já que o espaço de uma página até a outra é dividido em cinco partes, tudo para facilitar uma citação mais precisa do texto. Alguns comentários presentes nas notas seguintes se valerão dessa notação.

2. "Senhores atenienses" (*ándres athenaîoi*) e simplesmente "senhores" (*ándres*) são as duas formas pelas quais Sócrates se dirigirá a seus juízes ao longo de quase todo o seu discurso. Como percebemos em outras defesas da mesma época que chegaram até nós, esse não é o modo mais usual de se dirigir a eles, que eram normalmente chamados "senhores juízes" (*ándres dikastaí*). O próprio Meleto, quando interrogado mais à frente por Sócrates, dirá "senhores juízes".

persuasivamente falavam. Contudo, praticamente nenhuma verdade disseram. Causa-me, sobretudo, espanto uma mentira dentre as muitas que contaram; falavam que vocês deviam se precaver para não ser enganados por mim, como se eu fosse [**b**] hábil em falar. O que me pareceu a maior falta de vergonha da parte deles foi não se envergonharem de que seriam refutados em ato por mim, quando eu não me mostrasse, de modo algum, hábil em falar, a não ser, é claro, que eles chamem hábil em falar aquele que diz a verdade. Se é isso o que dizem, eu concordaria em ser um orador, não do nível deles. Como digo, quase nenhuma verdade eles disseram, ao passo que de mim vocês ouvirão toda a verdade – mas, por Zeus, senhores atenienses, não ouvirão discursos embelezados, como os deles, com frases e vocábulos, nem bem [**c**] ordenados; mas um discurso ao acaso, por meio de palavras que calhem a mim – pois minha crença é na justiça do que digo – e que nenhum de vocês tenha outra expectativa. Não seria decerto conveniente, senhores, que nesta idade eu viesse até vocês como um jovem a forjar discursos. E, de fato, senhores atenienses, faço-lhes um único pedido, uma súplica: se me ouvirem defendendo-me com as mesmas palavras por meio das quais estou acostumado a falar na ágora, junto às mesas de câmbio, ou em outro lugar, onde muitos de vocês já me ouviram, não [**d**] se espantem nem me interrompam por isso. A situação é mesmo esta: apresento-me agora pela primeira vez em um tribunal, com setenta anos de idade. Sou, portanto, simplesmente estranho à elocução daqui. Tal como então, se eu realmente calhasse de ser um estrangeiro, vocês me perdoariam, se me expressasse naquela língua e do modo [**18a**] nos quais fui criado, agora também lhes faço este pedido, justo, como me parece: esqueçam o modo da minha elocução – talvez ele pudesse ser pior; talvez, melhor – mas investiguem e prestem atenção nisto: se minhas palavras são justas ou não, pois essa é a virtude do juiz, e a do orador é falar a verdade.

II
Apresentação do caso

Primeiro é justo que eu me defenda, senhores atenienses, das primeiras acusações falsas contra mim e dos primeiros acusadores; e depois, das últimas e dos [**b**] últimos. Com efeito, muitos acusadores meus já estiveram com vocês também antigamente, falando por muitos anos nada de verdadeiro. Esses eu temo mais do que Anito e seu entorno[3], muito embora eles sejam também terríveis; porém, senhores, mais terríveis são esses, que, tomando para si a maioria de vocês desde a infância, os persuadiam e faziam acusações contra mim em nada mais verdadeiras do que as atuais, dizendo que havia um Sócrates, homem sábio, pensador dos fenômenos aéreos, investigador de tudo sob a terra e que tornava mais forte o argumento mais fraco. Esses homens, senhores atenienses, que [**c**] espalharam essa fama, são meus terríveis acusadores, pois aqueles que os ouviam pensam que os que investigam essas matérias não cultuam[4] os deuses. Além disso, esses acusadores são muitos, tendo já me acusado ao longo de muito tempo e, ademais, falando a vocês naquela idade em que estavam mais sujeitos a acreditar, quando alguns eram crianças e jovens, fazendo suas acusações simplesmente à revelia do réu, sem que ninguém se defendesse. O mais absurdo de tudo é que nem os nomes deles é possível saber e dizer, [**d**] a não ser o de

---

3. São de "Anito e seu entorno" as acusações que culminaram no processo de que Sócrates está agora se defendendo.

4. Quanto a essa escolha de termo ("cultuar") para traduzir o verbo *nomízō*, cf. nota 17 abaixo.

um autor de comédias. Todos os que, valendo-se de inveja e calúnia, persuadiam vocês – e também os próprios persuadidos persuadindo os outros – esses são os mais difíceis de lidar, pois não é possível fazer nenhum deles vir aqui nem refutá-los, mas é necessário lutar contra sombras e efetuar minha refutação como se simplesmente, ao me defender, ninguém respondesse. Concedam, então, também vocês que, tal como digo, meus acusadores vêm a ser de dois tipos: uns são os que acusaram há pouco tempo; outros [**e**], a que me refiro, os que o fizeram há muito; e creiam que eu deva defender-me destes primeiro. De fato, vocês os ouviram me acusando antes e muito mais do que aqueles que vieram depois.

Pois bem, é preciso que eu me defenda, senhores atenienses, e [**19a**] empreenda, assim em pouco tempo, remover de vocês essa calúnia, que levaram um longo tempo para contrair. Eu gostaria que isso assim se desse, se for algo melhor a vocês e a mim, e que eu obtivesse êxito ao defender-me. Penso que é difícil, e não deixo de perceber que tipo de situação é essa. Contudo, que isso vá por onde é caro aos deuses, e eu devo obedecer à lei e formular minha defesa.

III
A defesa de Sócrates

A – Os antigos acusadores

Retomemos então desde o princípio qual é a acusação que fez surgir contra mim a calúnia em que [**b**] Meleto também acreditou para me processar nesta ação. Pois bem, o que diziam afinal meus caluniadores quando me caluniavam? Devo ler a declaração solene deles como se lê a de acusadores[5]: "Sócrates é culpado e se imiscui onde não deve por investigar os fenômenos sob a terra e os celestes, tornar mais forte o argumento mais fraco e ensinar essas mesmas ações aos outros". [**c**] Tal é a declaração, e era isto o que vocês mesmos viam na comédia de Aristófanes: um Sócrates balançando-se ao redor, afirmando caminhar pelos ares e tagarelando muitas outras palavras sem nexo a respeito das quais eu nada entendo, nem em grande nem em pequena medida. Não falo como se desonrasse uma ciência desse tipo, no caso de alguém ser sábio em tais matérias – que eu não seja de modo algum réu em um tamanho processo movido por Meleto![6] – mas, de fato, senhores atenienses, em nada participo delas. Ademais, ofereço [**d**] a maioria de vocês como testemunha e julgo uma atitude digna que vocês expliquem e contem uns aos outros, todos quantos já me ouviram

---

5. Sócrates põe aqui em termos formais, talvez para que possa melhor respondê-la, a declaração que seus "antigos acusadores" teriam feito se tivessem movido um processo contra ele. Na verdade, nunca o moveram.

6. Mais um dos atuais acusadores de Sócrates.

alguma vez conversando – e muitos de vocês encontram-se em tal posição – contem, pois, uns aos outros se em qualquer momento, em pequena ou grande medida, algum de vocês me ouviu conversando sobre tais assuntos, e a partir daí perceberão que também as outras afirmações que a maioria faz sobre mim são do mesmo tipo.

Nada disso, porém, é verdadeiro, nem mesmo se ouvirem de alguém que empreendo educar [**e**] os homens e cobro dinheiro; ainda que me pareça belo, se alguém for capaz de educar os homens, como fazem Górgias de Leontini, Pródico de Céos e Hípias de Élis[7]. Cada um deles é capaz de ir a cada uma das cidades e aos jovens – aos quais é possível se reunir, sem qualquer despesa, com quem quer que queiram dentre seus próprios concidadãos – e eles os persuadem a, depois de abandonar [**20a**] seus convívios, se reunir com eles, dar-lhes dinheiro e agradecer ainda o favor. Quanto a isso, também há por aqui outro sábio, de Paros, e percebi que ele estava na cidade, pois calhei de visitar o homem que gastou com os sofistas mais dinheiro do que todos os outros juntos, Cálias, filho de Hipônico. Perguntei-lhe então – já que ele tem dois filhos – "Cálias", disse eu, "se teus dois filhos fossem potros ou bezerros, poderíamos tomar e remunerar em benefício deles um instrutor que estivesse pronto para torná-los belos e bons [**b**] em relação à excelência que lhes fosse adequada, e ele seria um treinador de cavalos ou um fazendeiro; mas agora, uma vez que eles são homens, que instrutor você tem em mente tomar para ambos? Quem é o conhecedor desse tipo de excelência, a saber, aquela que é própria do homem e do cidadão? Acho que você, por possuir filhos, já fez esse exame. Há alguém", disse eu, "ou não há?" "Sim, claro!", ele

---

7. Nomes e procedências de três famosos sofistas ainda vivos à época da defesa de Sócrates, em 399 a.C. Protágoras, também conhecidíssimo, já havia falecido nessa ocasião.

disse. "Quem é ele", disse eu, "de onde vem e quanto cobra para ensinar?" "Eveno, ó Sócrates", ele disse, "vem de Paros e cobra cinco minas"[8]. E eu considerei Eveno um homem feliz, se é que ele verdadeiramente tem essa [c] técnica e de forma assim modesta ensina. Até mesmo eu me orgulharia e vangloriaria se possuísse essa ciência, senhores atenienses, mas não a possuo.

Algum de vocês talvez pudesse então retorquir: "Mas, Sócrates, qual é a sua ocupação? Pois, não tivesse você praticado nenhum ato mais extraordinário do que os outros, uma fama e um rumor tamanhos não teriam por certo surgido em seguida, se não fizesse algo diverso do que faz a maioria. Diga-nos então qual é, para que não façamos um julgamento precipitado [d] a seu respeito". Parecem-me justas as palavras de quem fala assim, e tentarei lhes mostrar o que é isso afinal que produziu contra mim este renome e a calúnia. Escutem, portanto. Talvez a alguns de vocês eu venha a parecer estar brincando; contudo, lhes direi toda a verdade, saibam bem disso. Adquiri esse renome, senhores atenienses, apenas por causa de certa sabedoria. Que sabedoria é precisamente essa? Talvez a própria sabedoria humana, pois realmente corro o risco de ser sábio no que diz respeito a ela; e aqueles a que há pouco eu me referia seriam provavelmente sábios em relação a uma [e] sabedoria maior do que a humana, ou não sei o que devo dizer. Não sou dotado dessa ciência, e quem afirma isso mente e fala para me caluniar. Não me interrompam, nem mesmo se lhes parecer que falo

---

8. A mina era uma unidade monetária da época e equivalia a 100 dracmas que, por sua vez, valiam 600 óbolos. O valor parece, de fato, modesto, se nos basearmos no testemunho de Diógenes Laércio (*Vidas*, 9. 52), que afirma que Protágoras chegou a cobrar 100 minas por seus ensinamentos. Mas, como nos diz Helm (1999), em comentário ao texto da *Apologia*, a quantia se torna considerável se lembrarmos que na Atenas do século V a.C. um artesão qualificado recebia 1 dracma por dia de trabalho.

algo pretensioso, pois não são minhas as palavras que direi, mas as reportarei a alguém cuja fala é digna do crédito de vocês. Se, de fato, há alguma sabedoria e de que tipo, eu lhes oferecerei como testemunha dela o deus de Delfos[9]. Vocês sabem, suponho, quem foi Querefonte. Ele [**21a**] era meu companheiro desde a juventude, era também companheiro de partido de grande parte de vocês, foi para o recente exílio e com vocês retornou[10]. Sabem, portanto, como era Querefonte, quão veemente se mostrava sobre o que quer que se arrojasse. Exemplo disso é que, tendo ele ido certa vez a Delfos, ousou fazer esta pergunta ao oráculo – e, como venho dizendo, não me interrompam, senhores! – sim, ele realmente indagou se alguém era mais sábio do que eu. A Pítia[11] respondeu que ninguém era mais sábio. Desses fatos, o irmão dele, aqui presente, será testemunha a vocês, uma vez que ele está morto.

Observem então por que [**b**] afirmo isso. Estou prestes a explicar-lhes de onde surgiu a calúnia contra mim. Ao ouvir aquilo, eu raciocinava do seguinte modo: "O que afinal diz o deus, qual o sentido desse enigma? Pois tenho consciência de que, nem em grande nem em pequena medida, sou sábio. O que afinal ele está dizendo ao afirmar que sou o mais sábio dos homens? Não é possível que esteja mentindo, pois não lhe é lícito". E por muito tempo estive em dificuldade em relação ao que ele disse. Depois, com grande relutância voltei-me para a seguinte investigação a seu respeito. Dirigi-me a um dos que eram reputados sábios para ali, e [**c**] tinha de ser ali, refutar o oráculo e lhe

---

9. O "deus de Delfos" é Apolo.

10. O partido aqui referido é o que apoiava a democracia em Atenas, e o exílio é a fuga desses partidários depois que ali foi instaurado por Esparta um regime oligárquico, chamado tirania dos Trinta, após a derrota de Atenas na Guerra do Peloponeso em 404 a.C. O retorno se deu oito meses depois do exílio.

11. Sacerdotisa do templo de Apolo em Delfos.

fazer esta revelação: "Esse aqui é mais sábio do que eu, mas você dizia que eu era mais". Examinando a fundo esse homem – cujo nome não tenho necessidade alguma de dizer, mas foi um dos políticos[12] aquele que durante esse exame e conversa, senhores atenienses, me gerou tal impressão – pareceu-me que ele parecia ser sábio a muitos outros indivíduos e sobretudo a si mesmo, mas sem o ser. Em seguida eu tentava mostrar--lhe que ele que ele pensava ser sábio, mas não era. [**d**] O resultado disso é que me tornei odiado por ele e por muitos dos presentes, e partindo dali refletia comigo mesmo: "Sou mais sábio do que esse homem, pois há o risco de que nenhum de nós não saiba nada belo e bom, mas ele pensa saber algo, não sabendo; ao passo que eu, como não sei, também não penso saber. É provável que ao menos, precisamente nesse ínfimo ponto, eu seja mais sábio do que ele, porque o que não sei também não penso saber". De lá, dirigi-me a outro homem dentre os reputados mais sábios do que aquele, obtive [**e**] as mesmas impressões e ali tornei-me também odiado por ele e muitos outros.

Depois disso, minhas investigações continuaram sucessivamente, e eu já percebia, condoído e temeroso, que ia me tornando odiado; contudo, parecia-me necessário levar o deus realmente a sério – eu devia, portanto, observando as palavras do oráculo, dirigir--me a todos os que tinham a reputação de saber algo. E, pelo cão, senhores [**22a**] atenienses! – é preciso que eu lhes diga a verdade – tive realmente uma experiência deste tipo: os mais bem reputados de todos pareceram a mim, quando eu os investigava conforme o deus, carentes de quase tudo; enquanto os outros,

---

12. Os "políticos" (*politikoí*) são todos aqueles que estavam ligados à administração da cidade-Estado (*pólis*). O significado do termo, portanto, parece mais amplo do que o que atribuímos a ele em nossa língua. Outra tradução possível, mas não menos duvidosa seria "homens de Estado".

aparentemente mais vis, mostraram-se homens mais propensos à sensatez. Devo, pois, demonstrar-lhes a minha errância, como a de quem realizou certos trabalhos[13], apenas para que a resposta do oráculo se tornasse irrefutável também para mim. Depois dos políticos, dirigi-me aos poetas, não só aos compositores de tragédias, mas também aos de ditirambos e a outros [b], a fim de que ali eu me flagrasse menos sábio do que eles. Ao retomar seus poemas, que me pareciam muitíssimo bem elaborados, eu lhes perguntava o que queriam dizer, para que também aprendesse algo com eles. Envergonho-me de lhes dizer a verdade, senhores; ela, contudo, deve ser dita. Praticamente quase todos ali presentes falavam melhor do que eles a respeito dos poemas que eles próprios haviam composto. Como antes, também acerca dos poetas reconheci em pouco tempo que eles compunham as obras que compunham [c] não por sabedoria, mas por certa natureza e inspirados, como os videntes e adivinhos. Eles, de fato, proferem muitas belas palavras, porém nada sabem do que dizem. Também os poetas se me revelaram passando pelo mesmo tipo de experiência, e ao mesmo tempo percebi que eles, por causa da poesia, pensavam ser os homens mais sábios igualmente em relação às outras matérias, a respeito das quais não eram. Parti então também de lá me julgando tão superior a eles quanto eu era aos políticos.

Por fim, dirigi-me aos artesãos, pois estava consciente de que eu não tinha praticamente [d] nenhum conhecimento, mas sabia que os encontraria dotados de muitos belos conhecimentos. Não me desapontei com isso. Eles tinham conhecimentos que eu não tinha e, dessa forma, eram mais sábios do que eu. Mas nossos bons artesãos, senhores atenienses, também

---

13. Forster, citado por Burnet em seus comentários, toma essa passagem como uma referência aos trabalhos de Hércules.

me pareceram incidir no mesmo erro dos poetas – cada um deles, por executar com beleza sua técnica, considerava-se o mais sábio também quanto a outras matérias, as mais importantes – e esse seu equívoco pareceu-me encobrir aquela sabedoria; de modo que eu me perguntava [**e**], em interesse do oráculo, se aceitaria ser assim como sou, ou seja, nem sábio em relação à sabedoria deles, nem ignorante em relação à ignorância, ou se preferiria estar em ambas as situações em que estão[14]. Respondi a mim mesmo e ao oráculo que me seria mais benéfico ser assim como sou.

Depois dessa investigação, senhores atenienses, muitas inimizades surgiram [**23a**] contra mim, as mais sérias e graves, de modo que a partir delas vieram as calúnias, e sou chamado por este nome, isto é, sábio; pois os presentes, a cada momento, pensam que eu mesmo sou sábio naquelas matérias em que refuto outro, quaisquer que sejam elas. Mas, com efeito, senhores, periga que o deus seja realmente sábio e que nesse oráculo ele esteja dizendo que a sabedoria humana tem sido digna de uma pequena ou mesmo de nenhuma atenção. Ele parece falar desse Sócrates aqui e ter ainda se servido do meu nome, tornando-me [**b**] um exemplo, como se dissesse: "Esse dentre vocês, ó homens, é o mais sábio, ele que, como Sócrates, reconheceu que não é verdadeiramente digno de nada em relação à sabedoria". É por isso que ainda agora, ao sair por aí, investigo e indago, conforme o deus, algum cidadão ou estrangeiro, sempre que penso que ele é sábio; e, quando ele não me parece, demonstro, em socorro ao deus, que sábio ele não é. Por causa dessa ocupação não tenho tempo livre para praticar nenhum ato próprio dos homens da cidade, nem ato algum doméstico, que seja digno de menção, mas em [**c**] extrema pobreza me encontro em razão do serviço ao deus.

---

14. Ou seja, sendo sábio no que diz respeito a sua técnica, mas ignorante quanto à própria sabedoria.

Além disso, os jovens – sobretudo os que dispõem de tempo livre, os filhos dos mais ricos – seguindo-me espontaneamente, alegram-se ao ouvir os homens sendo examinados, e eles mesmos com frequência me imitam, e depois tentam examinar os outros. Em seguida, penso eu, descobrem uma grande abundância de homens que pensam saber algo, sabendo, no entanto, pouco ou nada. Desde então, os que por eles são examinados irritam-se comigo, não com eles, e dizem que Sócrates é um ser abominabilíssimo e [d] corrompe os jovens. Quando alguém lhes pergunta o que ele faz e o que ensina, eles nada têm a dizer, mas desconhecem; e, para que não pareçam estar em dificuldade, expressam aqueles clichês disponíveis contra todos os filósofos, como "os fenômenos celestes e o que está sob a terra" e "não cultuar os deuses"[15] e "tornar mais forte o argumento mais fraco". Não gostariam, penso eu, de falar a verdade, porque viria a ser evidente que eles fingem saber, porém nada sabem. Visto que são, como penso, [e] amantes das honrarias, veementes e muitos, e que falam com vigor e de modo persuasivo a meu respeito, eles enchem os ouvidos de vocês com essas calúnias produzidas há muito tempo e com veemência. Com base nisso, tanto Meleto quanto Anito e também Lícon[16] atacaram-me. Meleto, irritado por causa dos poetas; Anito, [24a] por causa dos artífices e políticos; e Lícon, por causa dos oradores; de modo que, como dizia no princípio, eu me espantaria se fosse capaz de em tão pouco tempo extrair de vocês essa calúnia já tornada tão grande. Vocês têm essa verdade, senhores atenienses, e lhes falo sem nada ocultar nem

---

15. Dentre as acusações citadas nesse estoque de clichês que estão à mão dos detratores, essa ("não cultuar os deuses") foi citada, como já vimos, apenas de passagem no início do discurso e retornará logo a seguir na queixa formal dos atuais acusadores. Cf. nota 17 abaixo.

16. Com Lícon, o círculo de Anito se fecha, e temos o nome do terceiro acusador no processo em questão.

dissimular, nem em grande nem em pequena medida. Sei muito bem que é por esse próprio motivo que sou odiado, o que também é prova de que digo a verdade, de que essa é a calúnia contra mim e essas são as causas. Se agora ou [**b**] mais tarde vocês examinarem isso, assim descobrirão.

B – Os novos acusadores – O interrogatório de Meleto

A respeito então das acusações que os primeiros acusadores formularam contra mim, que esta defesa perante vocês seja suficiente. Tentarei depois disso defender-me de Meleto, o bom e patriótico, como ele se diz, e dos posteriores. Tomemos de novo, portanto, como se eles fossem outro grupo de acusadores, a declaração que fizeram sob juramento. Ela é mais ou menos assim: afirma que Sócrates é culpado por corromper os jovens e não cultuar[17] os deuses que a cidade cultua, mas outros [**c**] novos seres numinosos[18]. Tal é a queixa, e dessa queixa examinemos cada ponto individualmente.

---

17. "Cultuar" traduz aqui o verbo *nomízō*. A sugestão desse significado para a presente passagem é fornecida por Burnet, que assim explica o sentido do termo: " 'reconhecer', pelo fato de dar a eles [*i. e.* aos deuses] o culto prescrito pelo *nómos*, 'uso e costume'". Ele continua: "Trata-se de uma acusação de não conformidade a práticas religiosas, e não de heterodoxia em relação à crença religiosa". A nota e, especialmente, a referência a uma "crença religiosa" são eloquentes, pois não é incomum vermos algumas traduções optarem, já nesse passo, pelo significado "acreditar [em deuses]", ligado à noção de "reconhecer". A questão se torna ainda mais complexa porque, ainda segundo a interpretação de Burnet, Sócrates usará mais adiante o mesmo verbo, em outro tipo, porém, de construção sintática (ou seja, com o infinitivo de outro verbo, no caso o verbo "ser" – *eînai*), agora no sentido de "acreditar [na existência de ...]", valendo-se em seu próprio benefício dessa ambiguidade.

18. Outro termo de significado polêmico. "seres numinosos" são os *daimónia* no texto grego, um adjetivo no neutro plural derivado de *daímōn*, que aqui será traduzido por

Ela afirma que sou culpado por corromper os jovens, mas eu, senhores atenienses, afirmo que Meleto é culpado, porque faz gracejos seriamente ao mover processos de modo temerário contra pessoas, fingindo ter um zelo e um cuidado acerca de questões com as quais jamais se preocupou[19]. Tentarei lhes mostrar que o caso é exatamente esse. Diga-me aqui, Meleto: você não considera da maior importância [d] que os mais jovens sejam os melhores possíveis?

– Considero.

– Então, vamos lá, diga a esses: quem os torna melhores? É evidente que você sabe, já que se preocupa com isso. Sim, tendo descoberto que sou aquele que os corrompe, como diz, você me faz vir diante desses juízes aqui e me acusa. Vamos, diga quem é que os torna melhores e indique-lhes – está vendo, Meleto, que você se cala e não tem o que dizer? Isso não lhe parece vergonhoso e um indício suficiente do que estou precisamente dizendo, isto é, de que você não se preocupa de modo algum com eles? Mas diga, meu bom senhor, quem os torna melhores?

– As leis.

"nume", como se verá adiante. Como Sócrates se valerá dessa derivação em um de seus argumentos, seria conveniente usar dois termos com a mesma raiz em português, como ocorre em grego. A sugestão de Helm, "coisas divinas", por exemplo, não parece a melhor, uma vez que há em grego um adjetivo próprio para esse termo (*theîos, -a, -on*, derivado de *theós*), que também será empregado por Sócrates no citado argumento, o que tornaria a tradução confusa. O par "demoníaco/demônio" seria igualmente possível, mas ele chega para o leitor atual com uma carga semântica que nada tem a ver com aquela que os termos tinham na virada do século V para o IV a.C.

19. "Se preocupou" traduz *toútō emélēsen*. Sócrates joga aqui com as palavras, fazendo um trocadilho irônico com o nome Meleto e o verbo *mélō*, ligado à ideia de preocupação e cuidado. Esse jogo de palavras se repetirá em vários momentos do interrogatório de Meleto.

– Mas não [e] é essa a minha pergunta, homem excelente; porém, quem é o homem que em primeiro lugar conhece isso, ou seja, as leis?

– Estes senhores, Sócrates, os juízes.

– Que você está dizendo, Meleto? Eles são capazes de educar os jovens e os tornam melhores?

– Sim, certamente.

– Acaso todos? Ou uns deles, sim; outros, não?

– Todos.

– Por Hera, que boa notícia! Você se refere a uma grande abundância de benfeitores! E o que mais? Os membros da audiência os tornam [25a] melhores ou não?

– Eles também.

– E os membros do conselho?

– Também os membros do conselho.

– Ora, Meleto, não serão os membros da assembleia, os eclesiastas[20], que vão corromper os jovens, serão? Ou também eles todos os tornam melhores?

– Também eles.

– Portanto, como parece, todos os atenienses, com exceção de mim, tornam os homens belos e bons, e apenas eu os corrompo. É isso o que você está dizendo?

– É exatamente isso o que digo.

– É grande mesmo o infortúnio que você atribui a mim. Responda-me. Também lhe parece ser assim a respeito dos cavalos? Todos [b] os homens os tornam

---

20. Em seu argumento, Sócrates vai ampliando o número daqueles capazes de tornar os jovens melhores. Começa por seus próprios juízes (que neste caso eram supostamente 500) e por sua audiência, passa para os membros do conselho (*boulé*), que era composto por também 500 cidadãos eleitos anualmente por sorteio, e chega aos membros da assembleia (*ekklesía*), aqui também chamados "eclesiastas", que podiam ser todos os cidadãos de Atenas.

melhores, e apenas um os corrompe? Ou o total oposto disso? Um único, ou muito poucos, os especialistas em cavalos, são os capazes de torná-los melhores, e a maioria, sempre que convive com eles e deles se serve, os corrompe? Não é assim, Meleto, tanto a respeito dos cavalos quanto de todos os outros animais? É completamente assim, quer você e Anito o neguem, quer o confirmem. Ora, a felicidade seria grande a respeito dos jovens se apenas um os corrompesse, e os outros os beneficiassem. Mas [c] você, Meleto, demonstra suficientemente que jamais se preocupou com os jovens e revela com clareza o seu próprio descuido, porque você não teve nenhum cuidado com aqueles por causa dos quais me faz vir aqui.

Diga-nos ainda, Meleto, por Zeus! É melhor morar entre cidadãos bons ou entre perversos? Responda, meu querido! Não pergunto nada difícil. Os perversos não realizam algum mal aos que estão a cada momento perto deles; ao passo que os bons, algum bem?

– Sim, por certo.

– Há alguém que quer ser mais prejudicado [d] do que beneficiado pelos que estão próximos? Responda, meu bom senhor! A lei, com efeito, ordena que você responda. Há alguém que quer ser prejudicado?

– É claro que não.

– Vamos lá, então. Você me faz vir aqui porque corrompo os jovens e os torno mais perversos de modo voluntário ou involuntário?

– Voluntário, penso eu.

– O que é isso, Meleto? Você, nesta sua idade, é tão mais sábio do que eu, na minha, a ponto de reconhecer que os maus sempre realizam algum mal aos que estão sobretudo perto [e] deles, assim como os bons, um bem; ao passo que eu chego a tamanho grau de ignorância, a ponto de desconhecer que, se eu tornar vil algum dos que estão próximos a mim, correrei o risco de receber algum mal por parte dele, de modo que faço esse tamanho mal voluntariamente, como você diz? Quanto a isso, Meleto, não me deixo persuadir por você, nem acredito que algum homem se deixaria; mas, ou não os corrompo, ou, se corrompo, faço-o de forma involuntária, de modo que você mente em ambos os casos. Se os corrompo [**26a**] involuntariamente, a lei não prevê que eu seja conduzido para cá por tais erros involuntários, mas que, tomado em particular, eu seja instruído e admoestado, pois é evidente que, se eu aprender, cessarei de fazer o que involuntariamente faço. Você fugiu, não quis estar comigo e me ensinar, mas me fez vir aqui, para onde a lei prevê conduzir os que necessitam de castigo, não de aprendizado.

Mas, por certo, já é evidente, senhores atenienses, o que eu dizia, a saber, que [**b**] esses jovens jamais, nem em grande nem em pequena medida, foram objeto dos cuidados de Meleto. Mesmo assim, diga-nos, Meleto. Você afirma que corrompo os mais jovens de que modo? Não é um tanto evidente, conforme o processo que você moveu, que o faço ensinando a não cultuar os deuses que a cidade cultua, mas outros novos seres numinosos? Não é isso que você que diz ensino quando os corrompo?

– Sim, é exatamente isso o que digo.

– Pois bem, Meleto, em nome desses próprios deuses de que estamos falando, diga ainda [**c**] mais claramente tanto a mim quanto a esses homens aqui, pois não posso entender se você diz que os ensino a acreditar[21] na existência de alguns deuses – e, portanto, eu próprio acredito que deuses existem e não

---

21. Agora o mesmo verbo *nomízō*, construído, no entanto, com o infinitivo do verbo 'ser', passa a significar "acreditar/reconhecer que eles são/existem", ou seja, "acreditar na existência dos deuses". Cf. nota 17.

sou completamente ateu nem culpado por essa razão
– não, todavia, na daqueles em que a cidade acredita,
mas na de outros, e é por isso que você me censura; ou
você afirma que eu mesmo não acredito absolutamente nos deuses e isso ensino aos outros?

– Digo que você não acredita em absoluto nos deuses.

– Meu admirável Meleto! Com que finalidade você diz isso? Acaso [d] eu, como os outros homens, não acredito que o sol nem a lua sejam deuses?

– Não, por Zeus, senhores juízes! Pois ele afirma que o sol é pedra e a lua é terra.

– Você pensa que está acusando Anaxágoras[22], meu caro Meleto? Assim você despreza estes aqui e pensa que eles são incapazes de ler ou escrever, de modo a não saberem que os livros de Anaxágoras de Clazômene estão cheios desses argumentos? Além disso, aprendem os jovens junto a mim aquilo que é possível comprar na orquestra[23] [e] por um dracma, quando muito, para depois rirem de Sócrates, se ele fingir ser aquilo de sua propriedade, ainda mais quando o assunto é tão particularmente estranho? Mas, por Zeus, é assim que lhe pareço? Não acredito na existência de deus algum?

– Certamente não, por Zeus, quaisquer que eles sejam.

– Você é incrível, Meleto, e, ao que me parece, nem você acredita em si mesmo; pois me parece que esse homem aqui presente, senhores atenienses, é muito soberbo e indisciplinado e moveu este processo

---

22. Há evidências (PLUTARCO. *Vida de Péricles*, 32) de que de fato Anaxágoras tenha sido processado em Atenas em meados do século V a.C.

23. A referência aqui não é à orquestra do teatro de Dionísio, mais conhecida, onde o Coro atuava nas tragédias, mas a uma parte da ágora, a praça do mercado de Atenas.

simplesmente por força de certa soberba, indisciplina e juventude. É como se ele [**27a**] me testasse compondo um enigma: "Acaso o sábio Sócrates reconhecerá que faço gracejos e digo palavras contrárias ao que eu mesmo disse, ou enganarei a ele e aos outros ouvintes?" Com efeito, ele próprio me parece dizer palavras contrárias a si mesmo no processo, como se dissesse: "Sócrates é culpado por não cultuar os deuses, cultuando, porém, os deuses". Isso, no entanto, é típico de quem está brincando.

Examinem, pois, comigo, senhores, de que modo ele me parece proferir essa contradição. Responda-nos, Meleto. E vocês, como eu lhes pedia [**b**] no início, lembrem-se de não me interromper se eu fizer meus discursos da maneira habitual.

– Há algum homem, Meleto, que acredite na existência de questões humanas, mas não acredite na existência de homens? Que ele responda, senhores, e não faça uma interrupção após a outra. Há quem não acredite em cavalos, mas acredite em questões hípicas? Ou não acredite na existência de flautistas, mas em questões relativas à flauta? Não há, meu excelente senhor! Se não quer responder, eu digo a você e a esses outros aqui presentes. Mas responda à minha próxima questão: há quem [**c**] acredite na existência de questões relativas aos numes, mas não acredite em numes?

– Não há.

– Mas quanta gentileza a sua em responder-me, ainda que com relutância e compelido por esses aqui! Você afirma, portanto, que tanto eu acredito em seres numinosos quanto os ensino, sejam eles novos ou antigos; mas então, segundo seu argumento, e isso você jurou solenemente em sua acusação escrita, eu acredito em seres numinosos. E se acredito em seres numinosos, é decerto muito necessário que eu acredite também em numes. Não é assim? Claro que é, pois suponho que você esteja concordando, já que não responde. Não consideramos que [**d**] os numes são verdadeiramente ou deuses ou filhos de deuses? Sim ou não?

– Sim, sem dúvida.

– Portanto, se de fato considero haver numes, como você afirma, e se os numes são certos deuses, isso seriam o enigma e o gracejo que atribuo a você quando diz que eu, não considerando os deuses, por outro lado os considero de novo, uma vez que considero os numes. E, se os numes são, por sua vez, certos filhos ilegítimos de deuses, ou com ninfas, ou com algumas outras criaturas, por causa das quais recebem esse nome, que homem consideraria haver filhos de deuses, e não deuses? Pois isso seria tão estranho como haveria de ser se alguém [**e**] considerasse a existência dos filhos de éguas ou de asnas, os burros, mas não considerasse a existência de éguas e asnas. Mas, Meleto, não há como você não ter movido esse processo ou para nos testar ou porque estava em apuros em relação à veracidade do crime que me imputaria, e por nenhum meio você persuadiria qualquer homem dotado mesmo que de pouca inteligência, pois não é possível que o mesmo indivíduo considere tanto a existência de seres numinosos quanto a de seres divinos e por outro lado não considere a existência [**28a**] de numes nem de deuses nem de heróis.

IV
A missão divina de Sócrates

Mas realmente, senhores atenienses, não me parece haver necessidade de uma grande defesa para provar que eu não sou culpado segundo os termos da acusação de Meleto; essas palavras, porém, são suficientes. E bem saibam que é verdade o que eu dizia antes, ou seja, que um grande ódio surgiu contra mim e contra muitos. Isso é o que me condenará, se me condenar, não Meleto nem Anito, mas a calúnia e a inveja da maioria. O que já condenou também muitos outros homens bons, penso que de igual modo me condenará; e não [b] há temor algum de que cesse em mim[24].

Talvez alguém pudesse dizer: "Ora, Sócrates, você não se envergonha de ter se engajado em um tipo de prática por causa da qual corre agora o risco de morrer?" E em réplica eu lhe ofereceria um argumento justo: "Você não fala bem, meu senhor, se pensa que um homem sem grande utilidade deve levar em conta o risco de viver ou morrer, mas não observar apenas isto quando age, a saber, se pratica atos justos ou injustos e feitos próprios de um homem bom ou mau. Pelo seu argumento, seriam tolos todos os [c] semideuses que morreram em Troia e especialmente o filho de Tétis[25], que, em vez de se submeter à desonra, desprezou o risco a tal ponto que, quando sua mãe, uma deusa, algo assim, como penso, lhe falou, no momento em que ele estava empenhado em matar Heitor: 'Meu filho, se vingar o assassinato de seu companheiro Pátroclo e

---

24. Ou seja, Sócrates diz que, com certeza, não será o último a ser condenado pela calúnia e pela inveja.

25. Aquiles, o grande herói da *Ilíada* de Homero.

matar Heitor, você mesmo morrerá – pois sua morte', diz ela, 'virá prontamente depois da de Heitor' – ele, ao ouvir isso, fez pouco caso da morte e do perigo e, por ter muito [**d**] mais medo de viver como um homem mau e não vingar os amigos, disse: 'Que eu possa morrer imediatamente, depois de ter imposto um castigo sobre o que cometeu uma injustiça, para que aqui eu não permaneça ridicularizado, junto às naus recurvas, como um peso na terra'. Você pensa mesmo que ele se preocupou com a morte e o perigo?"

O caso é verdadeiramente este, senhores atenienses. Onde quer que alguém, por considerar ser isso o melhor, dê uma ordem para si mesmo ou a receba de um comandante, ali então ele deve, como me parece, permanecer e correr o risco, nada levando em conta, nem a morte nem nenhum outro perigo, diante da desonra. Eu teria me conduzido de modo estranho, senhores atenienses, se, quando [**e**] os comandantes que vocês escolheram para me comandar, tanto em Potideia e em Anfípolis quanto em Délion[26], me davam ordens, eu, como qualquer outro, permanecesse no lugar em que eles ordenavam e corresse o risco de morrer; mas, quando era o deus que ordenava, como eu pensava e supunha, que eu devia viver filosofando e investigando a mim mesmo e aos outros, ali então, por temor da morte ou de qualquer [**29a**] outra coisa, eu abandonasse a minha fileira de combate. Seria mesmo estranho, e nesse caso alguém poderia me conduzir com verdadeira justiça ao tribunal alegando que não acredito em deuses porque desobedecia ao oráculo, temia a morte e pensava ser sábio, sem o ser. Sim, temer a morte, senhores, nada mais é do que julgar ser

---

26. Sócrates refere-se às batalhas de Potideia (432 a.C.), Anfípolis (422 a.C.) e Délion (424 a.C.) de que teria tomado parte no início da Guerra do Peloponeso. Burnet levanta dúvidas quanto à participação de Sócrates na segunda delas, deixando aberta a possibilidade de que a referência seja à batalha ocorrida na ocasião da fundação de Anfípolis em 437-436 a.C.

sábio sem o ser, pois é julgar saber o que não se sabe; porque ninguém sabe nem mesmo se a morte calha de ser o maior de todos os bens ao homem, mas eles a temem como se bem soubessem que é o maior dos males. E como pode [b] esta ignorância não ser repreensível, a de pensar saber o que não se sabe? Nessa medida, senhores, talvez eu seja também aqui diferente da maioria dos homens, e se afirmasse que sou em algum ponto mais sábio do que alguém, seria precisamente neste: que, não sabendo suficientemente a respeito do que se passa na morada de Hades[27], também não penso que sei; porém, sei que é mau e vergonhoso cometer injustiças e desobedecer a alguém, seja ele um deus ou um homem. Diante, então, de males que sei que são males, jamais terei um temor nem fugirei do que não sei se calha de ser um bem. Desse modo, nem se vocês agora me libertarem, [c] por não terem acreditado nas palavras de Anito, que dizia que ou a princípio eu não deveria ter vindo aqui, ou, uma vez que vim, não era possível que não me matassem, afirmando para vocês que, se eu escapasse, seus filhos, praticando aquilo que Sócrates ensina, seriam todos completamente corrompidos – se vocês quanto a isso me disserem: "Sócrates, nós agora não nos deixaremos persuadir por Anito, mas o libertamos sob a condição de que você, no entanto, não mais se ocupe dessa investigação nem filosofe; contudo, se você for pego fazendo isso, morrerá" – se, [d] como eu disse, vocês me libertarem sob essas condições, eu então lhes diria: "Senhores atenienses, eu os amo e estimo, mas mais do que a vocês sou obediente ao deus, e enquanto respirar e for capaz, não cessarei de filosofar nem de exortá-los nem de demonstrar[28] a

---

27. Enquanto Zeus é o deus do céu, e Poseidon o do mar, Hades domina o submundo.

28. O conteúdo dessa demonstração, aqui implícito, encontra-se em 23b7, passagem em que Sócrates afirma ter demonstrado que aqueles com quem conversou não eram sábios.

quem quer de vocês que a cada momento eu encontre, falando aquilo a que estou habituado: 'Ó melhor dos homens, sendo um ateniense, da maior e mais bem reputada cidade em sabedoria e força, você não se envergonha de se preocupar com que dinheiro, glória [e] e honra sejam da maior quantidade possível, mas não se preocupa nem tem o menor cuidado com que a sabedoria, a verdade e a alma sejam as melhores possíveis?' E se algum de vocês discordar e afirmar que com isso se preocupa, não o libertarei imediatamente nem partirei, mas o interrogarei, examinarei e refutarei, e se não me parecer que adquiriu a virtude, mas ele disser que sim, o repreenderei, porque considera da menor [30a] importância o que é digno da maior, e considera de grande valor o aquilo que menos valor tem. Isso farei a quem quer que eu encontre, seja ele mais novo ou mais velho, estrangeiro ou cidadão, e mais com os cidadãos, na medida em que vocês são mais próximos a mim quanto aos laços de sangue. O deus ordena isso, vocês o sabem, e penso que ainda não há bem algum na cidade maior do que o meu serviço ao deus. Ao andar por aí nada mais faço do que persuadir tanto os mais jovens quanto os mais velhos de vocês a não se preocupar com os corpos nem com dinheiro antes de [b] com toda a veemência se preocupar com a alma para que ela seja a melhor possível, dizendo-lhes: 'a virtude não vem do dinheiro, mas o dinheiro e todos os outros bens aos homens, quer no âmbito público quer no particular, vêm da virtude'. Se corrompo os jovens dizendo essas palavras, então elas seriam prejudiciais; mas, se alguém afirma que falo algo diferente disso, ele nada diz. Diante dessa situação, senhores atenienses", eu diria, "ou vocês se deixam persuadir por Anito, ou não; ou me libertam, ou não libertam, sabendo que eu não poderia agir de outro modo, nem se estivesse prestes a [c] morrer muitas vezes".

Não me interrompam, senhores atenienses; mas, por favor, permaneçam fiéis ao pedido que lhes fiz, isto é, não interromper o que eu disser, mas ouvir. Por certo, como penso, vocês se beneficiarão me ouvindo. Vou lhes dizer algumas outras palavras contra as quais vocês talvez hajam de gritar, mas não façam isso de modo algum! Se vocês me matarem, saibam bem, sendo eu tal como digo ser, não prejudicarão a mim mais do que a vocês mesmos. Em nada me prejudicariam nem Meleto nem Anito – e tampouco poderiam – pois não penso [**d**] que seja lícito a um homem melhor ser prejudicado por um pior. Talvez me matem ou me exilem ou me privem de meus direitos civis; mas, embora ele e muitos outros pensem talvez que isso seja um grande mal, eu não penso; é muito pior, porém, fazer o que ele agora mesmo faz, ou seja, empreender matar um homem injustamente. Estou agora, senhores atenienses, muito longe de fazer uma defesa em meu favor, como se poderia pensar, mas é em favor de vocês que a faço, para que, quando votarem contra mim, não errem a respeito da dádiva que o deus lhes deu. Se me [**e**] matarem, não encontrarão com facilidade outro deste tipo, literalmente – ainda que seja um tanto ridículo dizê-lo – ligado, por obra de deus, à cidade tal como a um cavalo grande e de raça que, por causa de seu tamanho, é preguiçoso e precisa ser despertado por algum moscardo. Assim mesmo, como um ser desse tipo, parece ter o deus me ligado à cidade; eu, que desperto, persuado e repreendo cada um de vocês [**31a**], não parando de forma alguma de me sentar a seu lado por toda parte o dia inteiro. Outro desse tipo não lhes surgirá com facilidade, senhores; mas, se vocês me derem ouvidos, me pouparão. Talvez, por estarem ofendidos, como os sonolentos quando são despertados, vocês possam, deixando-se persuadir por Anito, matar-me facilmente, com um só tapa[29], e depois passar o resto da vida dormindo, a menos que o deus, em seu cuidado, lhes envie algum outro homem. Vocês podem perceber que calho de ser aquele que foi dado à cidade pelo deus [b] a partir do seguinte: meu descuido com tudo o que me pertence, o fato de suportar meus bens domésticos assim descuidados e agir sempre no interesse de vocês, aproximando-me de cada um em particular, como um pai ou um irmão mais velho, persuadindo-o a se preocupar com a virtude, nada disso se assemelha a uma ação humana. Se eu ganhasse algo com isso e fizesse essas exortações recebendo pagamento, minha conduta seria compreensível; mas agora vocês próprios sabem que meus acusadores, mesmo fazendo uma acusação assim tão desavergonhada quanto a tudo mais, não foram capazes de chegar a uma tamanha falta de vergonha [c] a ponto de oferecer testemunha que dissesse que eu alguma vez cobrei ou pedi pagamento a alguém. E ofereço, penso eu, uma testemunha suficiente de que digo a verdade: minha pobreza.

Talvez possa parecer estranho que eu, em particular, dê esses conselhos e andando por aí me intrometa em assuntos alheios, mas publicamente não ouse dar conselhos para a cidade, apresentando-me diante da multidão de vocês[30]. O responsável por isso é o que vocês já me ouviram falar muitas vezes em muitos lugares: que algo divino [d] e numinoso surge para mim, o que também Meleto, como um comediante, registra

---

29. Com esse termo, Sócrates retoma a imagem do símile elaborado acima, pela qual, aliás, ele se desculpa em razão do gosto duvidoso da comparação. Ele de novo aqui se representa como uma mosca que é morta com um tapa pelos que se recusam a despertar.

30. Sócrates refere-se aqui à assembleia, lugar de tomada de decisões públicas das quais podiam participar todos os cidadãos de Atenas.

em sua acusação. Tenho isso desde criança, quando começou, uma voz que me surge e que, quando vem, sempre me desvia de fazer o que quer que eu esteja prestes a fazer, e jamais me volta para aquilo. É isso que me impede de praticar ações políticas, e parece-me que me impede de modo absolutamente correto; pois saibam bem, senhores atenienses, se há muito eu tivesse empreendido praticar ações políticas, há muito já teria morrido e não teria [**e**] beneficiado em nada nem a vocês nem a mim mesmo. Não se irritem comigo quando digo a verdade. Não há homem que se salve se se opuser genuinamente a vocês ou a qualquer outra multidão e impedir que muitos atos injustos e ilegais surjam na cidade, [**32a**] mas é necessário que aquele que luta realmente pela justiça, mesmo que seja para se salvar por pouco tempo, aja na esfera particular e não na pública.

Eu lhes oferecerei grandes provas disso; não palavras, mas o que vocês mais estimam: atos. Ouçam, pois, o que me ocorreu, para que saibam que eu não só não cederia a ninguém, agindo contra o que é justo, por temer a morte, mas até mesmo morreria por não ceder. Minhas palavras poderão ser tediosos lugares-comuns dos tribunais, mas serão verdadeiras. Eu jamais, senhores atenienses, exerci nenhum outro [**b**] cargo na cidade senão o de membro do conselho, e calhou de a nossa tribo, Antíoquis, estar no exercício da pritania[31] quando vocês deliberaram julgar em conjunto (ilegalmente, como depois restou claro a todos

---

31. O conselho (*boulé*) era formado por dez delegações de cinquenta membros, uma de cada tribo (*phylé*). As delegações se revezavam no comando desse órgão, funcionando cada uma, a cada vez, como uma espécie de comitê executivo do conselho por um período que abrangia, consequentemente, um décimo do ano. O exercício dessa presidência por parte de uma das delegações era chamado "pritania". Sócrates alude, pois, ao período em que sua tribo, Antíoquis, exercia a direção do conselho.

vocês) os dez generais que não resgataram os combatentes da batalha naval[32]. Naquele momento fui o único dos prítanes que se opôs a fazer algo à margem das leis e votei contra; e mesmo estando os oradores prontos para me indiciar e prender, e vocês gritando e pedindo isso, eu pensava que mais devia correr perigo ao lado da lei [c] e da justiça do que, por temer a cadeia ou a morte, estar com vocês enquanto deliberam o que não é justo. Isso se deu quando a cidade ainda era uma democracia; mas, quando sobreveio a oligarquia[33], os trinta, por sua vez, depois de me mandarem comparecer, com mais outros quatro, à Rotunda[34], ordenaram que de Salamina trouxéssemos León, habitante dessa ilha, para que morresse. Eles, de fato, davam ordens desse tipo a muitos outros, no intento de encher de culpa o maior número possível de pessoas. Então eu, não com [d] palavras, mas com atos, mostrei que não me preocupo com a morte, se não for muito grosseiro dizer isso, nem com o que quer que seja, mas que é com isto que me preocupo completamente: não realizar nada injusto nem sacrílego. Aquele governo não me intimidou, mesmo sendo assim tão poderoso, a ponto de eu realizar algo injusto; porém, depois que

---

32. Batalha de Arginusas, em 406 a.C., vencida por Atenas. O resgate dos combatentes pode tanto se referir aos atenienses mortos na batalha quanto aos tripulantes das naus afundadas.

33. Cf. nota 10. Os "trinta" foram destacados por Esparta ao fim da Guerra do Peloponeso (404 a.C.) para instituir uma constituição oligárquica em Atenas, mas tomaram o poder absoluto para si mesmos. Por causa desse comportamento despótico ficaram conhecidos como "os trinta tiranos", conforme aponta Helm em seus comentários sobre essa passagem. Como o próprio Sócrates dirá mais adiante, esse regime durou pouco tempo, não mais do que oito meses.

34. *Thólos* em grego. A Rotunda era um edifício circular na ágora em que os prítanes permaneciam e faziam suas refeições. Os trinta, quando tomaram o poder, apropriaram-se também dela.

partimos da Rotunda, os outros quatro foram para Salamina e trouxeram León, mas eu voltei para casa, e teria talvez morrido por causa disso, se o governo não tivesse sido rapidamente dissolvido. E desses fatos [**e**] haverá muitas testemunhas para vocês.

Acaso pensam vocês que eu teria sobrevivido por tantos anos se praticasse ações no âmbito público e, ao praticá-las, defendesse, como é digno de um homem bom, o que é justo e, tal como se deve, desse a maior importância a essa atividade? Longe disso, senhores a atenienses! E tampouco sobreviveria qualquer outro homem. [**33a**] Por toda a minha vida, se pratiquei alguma ação, tanto na esfera pública quanto na particular, mostro-me este mesmo homem, não concordando jamais com ninguém sobre nada que vá contra a justiça, quer me seja ele um estranho, quer algum dos que precisamente meus caluniadores afirmam ser meus alunos. Nunca fui professor de ninguém; mas, sempre que alguém, mais jovem ou mais velho, desejava me ouvir enquanto eu falava e praticava minhas próprias ações, jamais lhe recusei; e não travo diálogos recebendo dinheiro [**b**], nem deixo de travá-los se não receber, mas ofereço-me igualmente tanto ao rico quanto ao pobre para que me questionem, e também me ponho à disposição se alguém quiser ouvir o que digo em resposta. Se algum se torna bom ou não, não seria justo que eu suportasse a reponsabilidade por eles, a nenhum dos quais jamais prometi nem ensinei lição alguma. Se alguém diz que alguma vez aprendeu ou ouviu de mim em particular algo que todos os outros também não tenham ouvido, fiquem sabendo bem que não diz a verdade.

Mas por que afinal alguns gostam de passar um longo tempo [**c**] comigo? Vocês já ouviram, senhores atenienses, eu lhes disse toda a verdade. É porque eles gostam de ouvir aqueles que pensam ser sábios, mas que não são, submetidos a um exame. Por certo, não é desagradável. Como digo, a ordem para que eu fizesse isso está dada por um deus, por oráculos, por sonhos e por todo meio por que alguém, enfim, uma sina divina, ordena a um homem executar qualquer ação. Isso não só é verdadeiro, senhores atenienses, como fácil de provar. Se corrompo alguns dos jovens [**d**] e já corrompi outros, seria preciso que, se alguns deles, ao se tornarem mais velhos, reconhecessem que lhes dei alguma vez um mau conselho quando eram jovens, eles se apresentassem agora, me acusassem e se vingassem de mim; e se não quisessem, alguns de seus familiares, pais, irmãos e outros parentes, se de fato os membros de sua família já sofreram algum mal de minha parte, deviam agora lembrar e vingá-lo. Em todo caso, muitos deles aqui estão presentes, e os vejo. Primeiro, Críton [**e**], residente em meu demo[35] e da mesma idade que eu, pai de Clitóbulo, também aqui; depois, Lisânias, do demo de Esfeto, pai de Ésquines, aqui presente; e ainda Antifonte, do demo de Céfiso, pai de Epígenes; e além disso estes outros, cujos irmãos passavam da mesma forma seu tempo comigo: Nicóstrato, filho de Teozótides e irmão de Teodoto – mas Teodoto está morto, de modo que não poderia recorrer a ele – e Parálio, filho de Demódoco, de quem Teages era irmão. Aqui estão [**34a**] Adimanto, filho de Áriston, que é irmão de Platão[36], também presente, e

---

35. *Dêmos*, em grego, pode significar "povo" e, mais especificamente em Atenas, como parece ser o caso aqui, uma divisão administrativa da cidade, algo como um "bairro" ou "distrito".

36. Com exceção das *Cartas*, cuja autoria é posta sob suspeita por diversos estudiosos, Platão faz menção a si mesmo em apenas três passagens ao longo de sua obra. Duas delas se dão na *Apologia*: esta, em que Sócrates dá testemunho de sua presença, ao lado de seu irmão Adimanto, entre os membros da audiência do julgamento; e mais abaixo (38b6) quando, junto a Críton, Critóbulo e Apolodoro, oferecerão o pagamento de uma multa alternativa à pena de morte. A terceira passagem ocorre no *Fédon* (59b10).

Eantodoco, de quem Apolodoro aqui é irmão. E tenho como lhes citar muitos outros, dos quais Meleto devia ter oferecido algum como testemunha, sobretudo em seu próprio discurso; e, se naquele momento se esqueceu, que ofereça agora – concedo meu tempo a ele – e diga se tem algo assim a oferecer. Muito pelo contrário, senhores atenienses, vocês descobrirão todos prontos para socorrer a mim, o corruptor, o que fez mal aos seus familiares, como afirmam Meleto e [b] Anito. Os próprios corrompidos talvez possam ter algum motivo para socorrer-me, mas os não corrompidos, homens já velhos, parentes daqueles, que outra justificativa eles têm para me socorrer senão o que é correto e justo, porque eles estão conscientes de que Meleto mente e de que eu digo a verdade?

V
Conclusão

Pois bem, senhores, essa é mais ou menos a defesa que eu poderia apresentar, e nada muito diferente disso. Talvez algum de vocês possa se incomodar [c] lembrando-se de si mesmo, se, ao litigar em um processo menor do que esse, pediu e suplicou aos juízes com muitas lágrimas, fazendo os próprios filhos, outros familiares e muitos de seus amigos virem até aqui para que fosse objeto da maior piedade possível, ao passo que eu, para sua surpresa, nada disso farei, mesmo correndo este risco, como lhe parece: o risco supremo. Talvez então, com isso em mente, alguém possa tornar-se mais duro comigo e, irritado com esses próprios atos, deposite o voto com raiva. Se algum de vocês é mesmo assim – [d] não espero isso, mas se de fato é – acho que minhas palavras seriam adequadas se eu lhe dissesse: "Homem excelente, tenho também alguns familiares, pois, como no verso de Homero, não sou nascido "de um carvalho nem de pedra"[37], mas de humanos, de modo que tenho familiares e filhos, senhores atenienses, três deles, um já adolescente e duas crianças; contudo, não pedirei que vocês me absolvam com seus votos depois de eu fazer algum deles vir aqui". Por que afinal não farei nada disso? Não por arrogância, senhores atenienses, nem [e] para desonrá-los, e, se sou audacioso ou não em relação à morte, é outra história; mas, tanto para a minha reputação

---

37. Citação do verso 163, livro 19, da *Odisseia*, em que Penélope, ainda sem reconhecer Odisseu, assim se dirige a ele no intento de saber quem ele é.

quanto para a sua e para a da cidade inteira, não me parece belo fazer nada disso, ainda mais estando nesta idade e possuindo este renome[38], quer seja ele verdadeiro ou falso; de qualquer forma, já é opinião comum que Sócrates se distingue da [**35a**] maioria dos homens em algo. Se aqueles entre vocês que parecem se distinguir, quer pela sabedoria, quer pela coragem, quer por qualquer outra virtude, se comportarem dessa forma isso seria então vergonhoso. Já vi muitas vezes alguns que agem precisamente assim quando são julgados, parecendo ser de alguma importância, mas cometendo ações espantosas, na crença de que sofrerão algo terrível se morrerem, como se houvessem de ser imortais se vocês não os matassem. Eles me parecem envolver a cidade em vergonha, de modo que mesmo algum estrangeiro poderia supor que dos atenienses os que se distinguem em virtude, [**b**] os quais eles próprios elegem em lugar de si mesmos para os cargos de governo e outras honrarias, em nada diferem de mulheres. Vocês, senhores atenienses, que parecem ser de alguma importância, qualquer que seja ela, não devem fazer isso, nem, se nós o fizermos, permitir que o façamos; mas mostrar que condenarão pelo voto mais o que encena esses espetáculos dignos de pena e torna a cidade ridícula do que aquele que se mantém tranquilo.

Deixando de lado, senhores, a reputação da cidade, não me parece justo suplicar [**c**] ao juiz, nem ser absolvido por ter suplicado, mas ensinar e persuadir. O juiz não está em seu posto para administrar a justiça como um favor, mas para julgar processos. Ele não jurou que faria favores àqueles que parecerem lhe favorecer, mas exercer sua jurisdição conforme as leis. Não devemos, portanto, fazer que vocês se acostumem a cometer perjúrio, nem vocês devem se acostumar. Nenhum de nós praticaria um ato piedoso. Não pensem,

---

38. Renome, bem entendido, de sábio.

senhores atenienses, que eu deva fazer com vocês aquilo que não considero belo, nem justo, nem sagrado, [**d**] ainda mais quando, por Zeus, estou especialmente sendo réu em um processo de impiedade movido por este Meleto aqui. Se, depois de vocês terem jurado[39], eu os persuadisse e constrangesse por meio de súplicas, estaria claramente os ensinando a não considerar a existência dos deuses, e simplesmente, em minha defesa, acusaria a mim mesmo de não acreditar em deuses. Mas longe disso, pois acredito, senhores atenienses, como nenhum dos meus acusadores acredita, e deixo meu julgamento ao deus e a vocês, como for melhor a vocês e a mim.

---

39. Os juízes proferiam um juramento solene, em nome dos deuses, antes de exercer as atividades próprias de sua função. O mesmo juramento é citado no início do parágrafo, mas com finalidade distinta.

VI
A contraposta de Sócrates

[e] Muitos outros motivos, senhores atenienses, contribuem para que eu não me incomode com o que ocorreu, isto é, [36a] vocês terem votado contra mim, e esse ocorrido não me era inesperado, mas espanto-me muito mais com o número resultante de votos de cada lado. Eu não pensava que seria por assim tão pouco, mas por muito. Agora, como parece, se apenas trinta votos tivessem mudado de lado, eu teria sido absolvido[40]. Mesmo agora, penso eu, estou absolvido da acusação de Meleto, e não só estou absolvido, mas é bem evidente a qualquer um que, se Anito e Lícon não tivessem se apresentado para me acusar, ele teria ficado devendo mil [b] dracmas, por não receber a quinta parte dos votos[41].

O homem propõe a pena de morte para mim. Pois bem, e eu, de minha parte, que pena contraproporei diante de vocês? Não é evidente que a merecida? Qual, então? O que mereço padecer ou pagar, porque ao longo da minha vida não me mantive em tranquilidade; mas, sem dar atenção ao que precisamente a maioria dá, isto é, ao comércio, à administração da casa, ao comando de exércitos, aos discursos públicos e a outros cargos em geral; a conjurações e a facções políticas que

---

40. Se supusermos um tribunal composto por 500 juízes, número comum para esse tipo de caso (como comenta Burnet sobre essa passagem), chegaremos então a um resultado de 280 votos pela condenação de Sócrates e 220 por sua absolvição. Quando passamos 30 votos para "o outro lado", temos um empate (250/250), o que, segundo as normas processuais da época, bastaria para absolvê-lo.

41. O argumento por trás desse gracejo de Sócrates é o seguinte: se os votos fossem divididos por três, já que três são os acusadores, então Meleto, sozinho, obteria menos de 100 votos (280/3 = 93,3) e incorreria, portanto, na pena prescrita citada por Sócrates.

ocorrem na cidade, por realmente me considerar bom demais para me manter a salvo [c] enquanto ia a essas ocupações, não fui então aonde não havia de ser em nada útil nem a vocês nem a mim mesmo, mas fui a cada um em particular para realizar, como afirmo, o maior benefício, empreendendo persuadir cada um de vocês a não se preocupar com nenhum dos seus próprios bens antes que se preocupe consigo mesmo, para que seja o melhor e o mais sensato possível, nem a se preocupar com as ocupações da cidade antes de com a própria cidade, e assim, segundo o mesmo modo, com as outras questões – que pena, pois, mereço eu padecer [d] por ser assim? Algo bom, senhores atenienses, se de fato devo propor uma pena de acordo com meu verdadeiro merecimento. Sim, quanto a isso um tal bem conviria a mim, qualquer que seja ele. O que convém a um homem pobre e benfeitor que necessita de tempo livre para aconselhá-los? Não há o que convenha mais, senhores atenienses, do que tal homem ser alimentado no pritaneu[42], e muito mais do que se algum de vocês vencer nos jogos de Olímpia uma corrida com um cavalo, ou uma parelha deles, ou uma quadriga. Ele faz que vocês pareçam felizes; mas eu, que sejam, e ele [e] não precisa de alimentação alguma[43], mas eu preciso. Se devo propor uma pena merecida conforme o que é justo, proponho [37a] então esta: a refeição no pritaneu.

Talvez, ao proferir estas palavras, eu pareça-lhes falar quase como falei a respeito das lamentações e das súplicas, comportando-me com arrogância. Mas não se

---

42. O pritaneu era o lugar em que se localizava o lar, *hestía* (fogo, lareira), da cidade. Ali eram alimentados, a expensas de Atenas, aqueles considerados seus benfeitores, como os generais vitoriosos em batalhas e os ganhadores nas provas atléticas de Olímpia. Por considerar-se um benfeitor da cidade, Sócrates pleiteia uma "pena" de pensão alimentícia patrocinada pela cidade até o fim de sua vida.

43. Não precisa, porque os vencedores dessas provas, de modo mais específico aquelas envolvendo cavalos (não é à toa a menção de Sócrates a elas), já eram necessariamente ricos.

trata disso, senhores atenienses; antes, porém, disto: estou convencido de que não cometo injustiça contra nenhum ser humano, ao menos de modo voluntário, mas não convenço vocês disso, pois conversamos por pouco tempo uns com os outros. Se, como penso, fosse lei para vocês, como é para outros homens[44], não julgar sobre pena de morte em um [b] único dia, mas durante muitos, vocês teriam sido convencidos. Agora, não é fácil em um tempo pequeno livrar-me de grandes calúnias. Convencido, portanto, de que não cometo injustiça contra ninguém, estou longe de haver de cometer injustiça contra mim e de eu mesmo dizer que mereço algum mal e de propor-me alguma pena desse tipo. Temendo o quê? Acaso que eu padeça essa pena que Meleto propõe para mim, o que afirmo não saber se é um bem ou um mal? Em vez disso devo, pois, escolher alguma daquelas que bem sei que são más e propô-la? A cadeia? Por que [c] devo viver em uma prisão, servindo como escravo a uma autoridade constituída de tempos em tempos, aos Onze[45]? Ou então uma multa, e permanecer preso até que eu a pague? Mas no meu caso, isso é exatamente o mesmo que há pouco eu dizia, pois não tenho de onde tirar o dinheiro para pagar. Proporei então o exílio? Talvez vocês pudessem atribuir-me essa pena. Por certo, um grande apego à vida, senhores atenienses, estaria se apoderando de mim, se eu fosse assim tão irracional a ponto de não poder raciocinar que vocês, meus concidadãos, não foram capazes de suportar minhas conversas [d] e palavras, mas elas se tornaram pesadas e odiosas demais, de modo que vocês buscam agora se livrar delas; e outros, portanto, as suportarão com facilidade? Longe disso, senhores atenienses. Eu teria uma bela vida de se viver, se nesta idade fosse para o exílio e ficasse mudando de uma cidade para outra, sendo banido delas; pois bem sei que, para onde quer que eu

---

44. Para os espartanos, por exemplo (cf. PLUTARCO. *Apophth. Lac.* 217a. • TUCÍDIDES. *Hist.*, I, 132, 5).

45. Os Onze, *hoi éndeka*, formavam em Atenas uma guarda responsável pelas prisões e execuções das penas.

vá, os jovens me ouvirão falar como os daqui. Se eu os excluir, eles próprios me banirão, persuadindo os mais velhos; e se [e] não os excluir, seus pais e seus familiares então o farão, por causa deles mesmos.

Talvez alguém pudesse dizer: "Mas, por favor, Sócrates, você não será capaz de viver em silêncio e tranquilo no exílio?" Esse, de fato, é o ponto sobre o qual é mais difícil persuadir alguns de vocês. Se eu disser que isso é desobedecer ao deus e que, por esse motivo, é impossível permanecer tranquilo, vocês não se deixarão persuadir por mim, como se eu estivesse sendo irônico[46]; [38a] se, por outro lado, disser que o maior bem a um homem calha mesmo de ser este: conversar ao longo de cada dia a respeito da virtude e de outras questões acerca das quais vocês me ouvem conversando e examinando a mim mesmo a aos outros, e que uma vida sem exame não é digna de ser vivida, vocês ainda menos se deixarão persuadir por essas palavras. Como afirmo, senhores, a situação é essa, e não é fácil persuadi-los. Ao mesmo tempo, não estou acostumado a me considerar merecedor de mal algum. Se eu tivesse dinheiro, teria proposto a multa [b] em um valor tal que houvesse a perspectiva de eu pagar, pois em nada teria sido prejudicado; mas o fato é que não tenho nenhum, a não ser que vocês queiram atribuir-me uma multa do tamanho que eu seja capaz de pagar. Talvez eu pudesse pagar-lhes uma mina[47] de prata. Esse é o valor que proponho.

Platão, aqui presente, senhores atenienses, Críton, Critóbulo e Apolodoro mandam-me propor trinta minas, e dizem que dão garantia pelo valor. Proponho então essa multa, e eles serão os fiadores suficientes do dinheiro [c] para vocês.

---

46. Uma menção do próprio Sócrates à famosa ironia socrática, frequentemente atribuída a ele por seus adversários, daí sua antecipação aqui à reação deles. "*Eírōn*" (ou seja, quem se vale de ironia), em grego, designa propriamente aquele que se esquiva de suas responsabilidades por meio de furtivas desculpas, como diz Burnet. O exemplo emblemático no que diz respeito a Sócrates é a constante alegação de sua própria ignorância.

47. Para o valor de uma mina, cf. nota 8.

VII
Após a sentença

Por causa de um curto espaço de tempo, senhores atenienses, vocês receberão, por parte daqueles que desejam insultar a cidade, um renome e uma responsabilidade, pois vocês são os assassinos de Sócrates, um homem sábio – dirão, com efeito, que sou sábio, mesmo que eu não seja, os que querem reprová-los – se vocês tivessem esperado um pouco, isso lhes teria ocorrido espontaneamente. Vejam que minha idade já está avançada em vida e próxima da morte. Digo isso não a todos vocês, mas àqueles [d] que com seu voto me condenaram à morte. A eles mesmos digo também o seguinte: talvez vocês pensem, senhores atenienses, que estou condenado por não recorrer àqueles tipos de palavras por meio das quais eu os teria persuadido, se pensasse que devia tudo fazer e dizer de modo a ser absolvido no processo. Longe disso. Estou condenado por não recorrer, não a palavras, mas à audácia, à falta de vergonha e ao desejo de dizer a vocês coisas tais quais lhes seriam as mais agradáveis de ouvir – lamentando-me, queixando-me, fazendo outros gestos e [e] dizendo muitas palavras indignas de mim, como afirmo, exatamente como aquelas que vocês estão acostumados a ouvir dos outros. Mas, nem naquele momento pensei que devia praticar ação alguma que não fosse própria de um homem livre, nem agora me arrependo de assim ter me defendido; porém, prefiro, sem nenhuma dúvida, morrer tendo me defendido desta forma a viver tendo-o feito daquela. Nem em um processo, nem em uma guerra, é preciso que eu ou qualquer outro conceba [**39a**] isso, fazendo de tudo para escapar da morte. De fato, muitas vezes nas batalhas torna-se evidente que alguém poderia escapar da morte, tanto abandonando as armas quanto se voltando para a súplica aos que o perseguem; há muitos outros artifícios em cada tipo de perigo que acarretam a fuga da morte, quando se ousa tudo fazer e dizer. Mas talvez fugir da morte não seja difícil, senhores; muito mais difícil, porém, é fugir da maldade, pois ela corre mais rápido que a morte. Eu [b] agora, como sou lento e velho, fui capturado pelo que é mais lento, ao passo que os meus acusadores, como são terríveis e agudos, o foram pelo que é mais rápido, ou seja, a maldade. Eu partirei agora, tendo incorrido na pena de morte imposta por vocês, mas eles, por sua perversidade e injustiça, estão condenados pela verdade. Tanto eu quanto eles perseveramos na punição. Talvez isso deva mesmo ser assim, e penso que seja adequado.

Desejo depois disso, homens que votaram contra mim [c], fazer-lhes profecias; já estou mesmo no momento em que os homens profetizam, quando estão prestes a morrer. Por Zeus, afirmo-lhes, senhores que me mataram, que imediatamente depois da minha morte há de chegar-lhes um castigo muito mais difícil do que aquele com que me puniram ao matar-me. Vocês agora agiram assim na crença de que se livrarão de dar uma justificativa acerca da sua vida, mas lhes ocorrerá bem o oposto disso, como afirmo. Mais numerosos serão os que vão refutá-los, os quais eu agora detinha e vocês [d] não percebiam, e quanto mais novos eles forem, mais difíceis serão, e vocês mais se irritarão. Se vocês estão pensando que, ao matar homens, impedirão alguém de reprová-los, porque não vivem corretamente, não raciocinam bem. Esse alívio não é nem muito possível, nem belo; mas este aqui é tanto o mais belo quanto o mais fácil: não restringir os outros, mas preparar-se a si mesmo para ser o melhor possível.

Depois então de proferir este oráculo a vocês, que votaram contra mim, [e] aparto-me.

Durante o tempo em que os arcontes[48] estão ocupados e ainda não vou para o lugar a que devo ir e lá morrer, eu dialogaria com prazer, a respeito deste fato que aqui se deu, com os que votaram por minha absolvição. Permaneçam, senhores, ao meu lado por este tempo. Nada impede que conversemos uns com os outros enquanto for possível. Estou pronto para mostrar [**40a**] a vocês, já que são amigos, o que afinal significa o que agora me ocorreu. Algo espantoso, senhores juízes[49] – chamando-os juízes, eu o chamaria corretamente – aconteceu-me. Antes, a minha habitual capacidade divinatória, provinda do nume, era sempre, o tempo todo, muito constante, opondo-se a mim em ocasiões mesmo muito triviais, se eu estivesse prestes a cometer alguma ação de modo incorreto. Agora, porém, ocorreu-me o que vocês mesmos estão vendo, aquilo que precisamente alguém poderia pensar, e que é considerado, ser o extremo dos males; e o sinal do deus não se opôs a mim, nem quando saí de casa ao alvorecer [**b**], nem quando me apresentava aqui no tribunal, nem em nenhum momento do meu discurso quando estava prestes a dizer algo. Em muitas ocasiões, contudo, em outras conversas ele já me deteve no meio de minha fala. Mas agora ele não se opõe a mim em momento algum acerca dessa questão, nem de uma forma nem de outra. Qual suponho ser a causa disso? Eu lhes direi. Periga que isso que me ocorreu seja um bem, e é possível que nós, que pensamos ser a morte um mal, não estejamos [**c**] fazendo uma suposição correta. Tenho um grande indício disso. Não é possível que o sinal habitual não tivesse se oposto a mim, se eu não estivesse prestes a ter algum êxito.

---

48. Os arcontes aqui citados parecem incluir o chamado Arconte Basileu, sob cuja jurisdição o processo se encontrava, e os "Onze" já referidos acima.

49. Sócrates usa agora, pela primeira vez, a expressão "senhores juízes" para se dirigir aos membros da corte – na verdade, neste momento, de modo bastante provocativo, apenas à parcela de magistrados que o absolveu. Cf. nota 2.

Pensemos também deste modo: há uma grande esperança de que isso seja bom. Morrer, com efeito, é uma dentre duas opções; pois, ou é como o morto não ser nada nem ter nenhuma sensação de nada; ou, como se diz, calha de ser para a alma uma mudança e migração deste lugar aqui para outro. E se não é sensação alguma, mas [d] como um sono, quando alguém ao dormir não vê sequer um sonho, um ganho espantoso seria a morte – pois eu penso que, se alguém tivesse de selecionar essa noite, em que adormece de modo tal que não vê sequer um sonho, e comparar os outros dias e noites de sua própria vida a ela, e tivesse de dizer, após esse exame, quantos dias e noites em sua vida viveu melhor e mais prazerosamente do que esta noite, penso que não apenas uma pessoa comum, mas o próprio grande rei[50] [e] descobriria que esses são fáceis de contar em comparação aos outros dias e noites – se a morte é algo assim, eu então afirmo que ela é um ganho. Sim, dessa forma, todo o tempo não parece em nada mais longo do que uma única noite. Se, por outro lado, a morte é como emigrar daqui para outro lugar, e é verdade o que se diz, a saber, que supostamente todos os mortos estão no outro mundo, qual bem poderia ser maior do que esse, senhores juízes? Pois, se alguém, ao chegar à morada de Hades, depois de ter se livrado desses [41a] que se dizem juízes, descobrir os verdadeiros juízes, que, como dizem, também lá realizam seus julgamentos, como Minos, Radamanto, Éaco, Triptólemo[51] e outros tantos que dentre os semideuses se tornaram

---

50. Forma como os gregos se referiam ao rei da Pérsia.

51. Minos, Radamanto e Éaco eram filhos de Zeus; os dois primeiros com Europa, e o último com a ninfa Egina. Famosos por observarem os ditames da justiça em vida, passaram a ser tradicionalmente vistos como os juízes dos mortos. Burnet aponta a influência de ideias órficas nessa passagem. Triptólemo, conhecido como um dos inventores da agricultura, seria um acréscimo ateniense a essa lista, ligando assim os mistérios de Elêusis, terra de origem de Triptólemo, aos órficos.

justos em suas próprias vidas, acaso essa emigração seria sem valor? Quanto, aliás, alguém de vocês não daria para estar junto a Orfeu, Museu, Hesíodo e Homero[52]? Eu estou pronto para morrer muitas vezes se isso é verdade, já que também a mim mesmo seria admirável a permanência ali, [b] quando eu encontrasse Palamedes, Ájax, o filho de Têlamon, e qualquer outro dentre os antigos, se houver mais algum, que tenha morrido por causa de julgamento injusto, podendo comparar os meus padecimentos com os deles – não seria desagradável, como penso – e, o mais importante de tudo, passar o tempo examinando e indagando os de lá como faço com os daqui, para saber quem deles é sábio e quem pensa ser, mas não é. Quanto alguém não daria, senhores juízes, para examinar aquele que levou o vasto exército para Troia, ou Odisseu, ou [c] Sísifo[53], ou inúmeros outros, tanto homens quanto mulheres, se fosse possível mencioná-los, com os quais

---

52. Orfeu e Museu são poetas/cantores míticos e, nesse sentido, é eloquente a presença deles ao lado de Homero e Hesíodo, os mais antigos e tradicionais poetas da Grécia. Porém, deve-se ter em mente o contexto órfico, já notado acima, uma vez que Museu aparece ligado a Orfeu nesse mesmo contexto em outros diálogos platônicos, como, por exemplo, o *Protágoras* (316d) e a *República* (364a).

53. Odisseu e Sísifo surgem aqui como uma espécie de contraponto a Palamedes e Ájax, citados no texto mais acima. Estes dois últimos, aos quais Sócrates se compara por terem de igual modo sofrido um julgamento injusto, foram precisamente vítimas da astúcia de Odisseu. Palamedes, segundo uma das versões do mito, foi condenado à morte por apedrejamento, depois de ter sido acusado de traição por ele, que forjara uma carta falsa e escondera ouro em sua tenda. Ájax cometeu suicídio em Troia após o julgamento que decidiu com quem ficariam as armas de Aquiles. Mesmo sendo Ájax considerado o melhor dos gregos, sendo superado apenas por Aquiles, as armas do herói morto foram para Odisseu, o que teria conferido um caráter injusto à citada decisão. Quanto a Sísifo, já conhecido desde a *Ilíada* de Homero como "o mais astuto dos homens" (*Il*. 6, 153), em tradição posterior vem a ser considerado o verdadeiro pai de Odisseu. Ambos seriam, assim, bons candidatos à inquirição socrática.

seria uma felicidade infinita conversar, conviver e os examinar? Em todo caso, por certo os que lá estão não matam por causa disso. Quanto às demais questões, os de lá são mais felizes que os daqui e já são imortais pelo tempo restante, se de fato o que se diz é verdade.

Mas vocês também, senhores juízes, devem ter boas esperanças em relação à morte e cultivar este único pensamento como verdadeiro: não existe mal [**d**] algum a um homem bom, nem enquanto vive, nem depois de morto, e os deuses não descuidam da sorte dele. A minha não se manifestou agora por acaso, mas me é evidente que para mim já era melhor estar morto e livrar-me de meus problemas. Por isso, em nenhum momento o sinal me desviou, e eu não me indisponho muito com os que votaram contra mim e com meus acusadores. Contudo, não foi com aquele pensamento que eles me condenaram com seu voto e me acusaram, mas por acreditarem que me prejudicariam. Quanto a isso [**e**] merecem ser censurados. Faço apenas este pedido a eles: quando meus filhos atingirem a maturidade, vinguem-se, senhores, causando-lhes as mesmas aflições que eu causava a vocês, se eles lhes parecerem se preocupar com dinheiro ou com alguma outra coisa antes do que com a virtude; e se eles parecerem ser algo, não o sendo, repreendam-nos, como eu a vocês, porque não se preocupam com o que devem e pensam ser algo quando não são dignos de nada. Se fizerem isso, o efeito que [**42a**] causarão sobre mim mesmo e meus filhos será justo. Mas já é hora de partir; eu, para morrer; e vocês, para viver. Qual de nós segue para uma sorte melhor, isso é incerto a todos, exceto ao deus.

Veja outros livros do selo *Vozes de Bolso* pelo site

livrariavozes.com.br/colecoes/vozes-de-bolso

Conecte-se conosco:

- **f** facebook.com/editoravozes
- **◯** @editoravozes
- **X** @editora_vozes
- **▶** youtube.com/editoravozes
- **✆** +55 24 2233-9033

www.vozes.com.br

Conheça nossas lojas:

www.livrariavozes.com.br

Belo Horizonte – Brasília – Campinas – Cuiabá – Curitiba
Fortaleza – Juiz de Fora – Petrópolis – Recife – São Paulo

EDITORA VOZES — VOZES NOBILIS — Vozes de Bolso — Vozes Acadêmica

EDITORA VOZES LTDA.
Rua Frei Luís, 100 – Centro – Cep 25689-900 – Petrópolis, RJ
Tel.: (24) 2233-9000 – E-mail: vendas@vozes.com.br